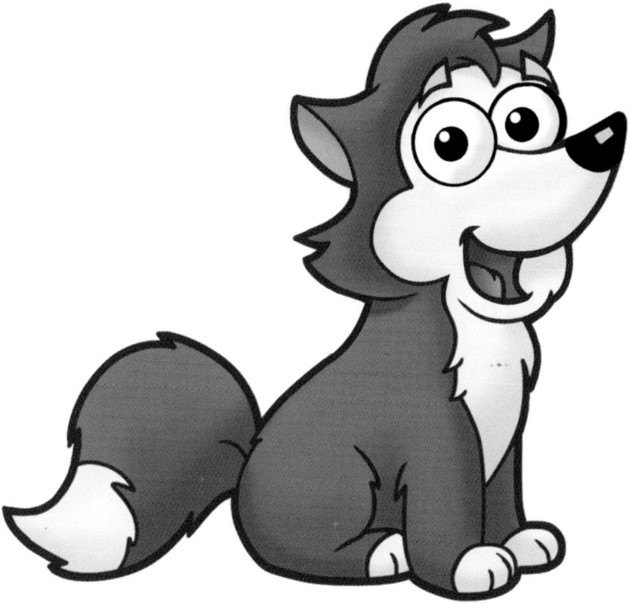

Baby Fox

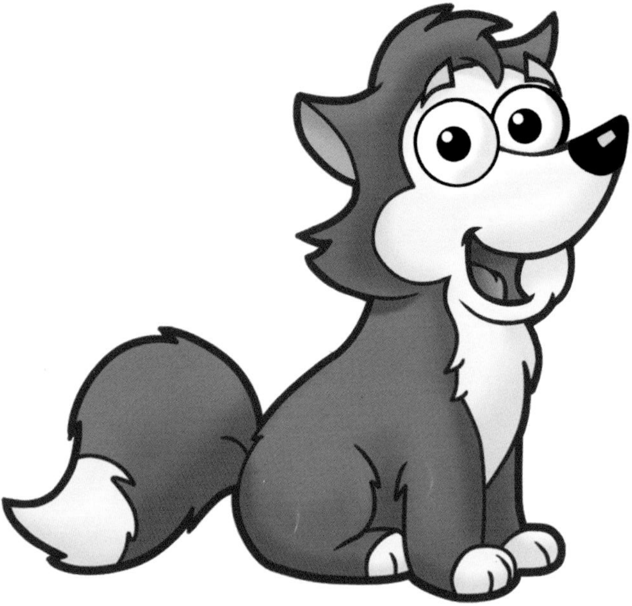

Bebé Zorrito

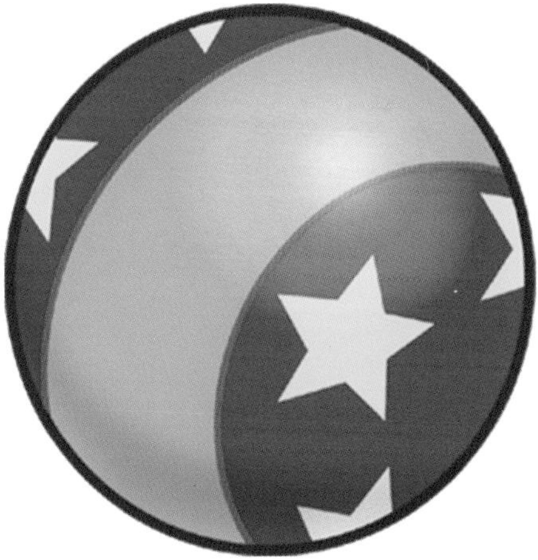

the ball

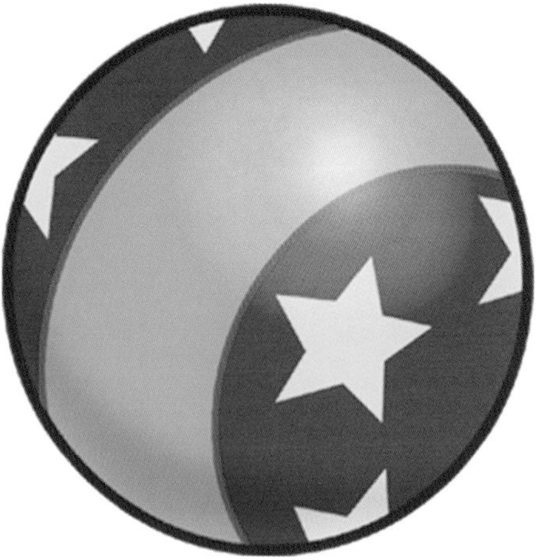

la pelota

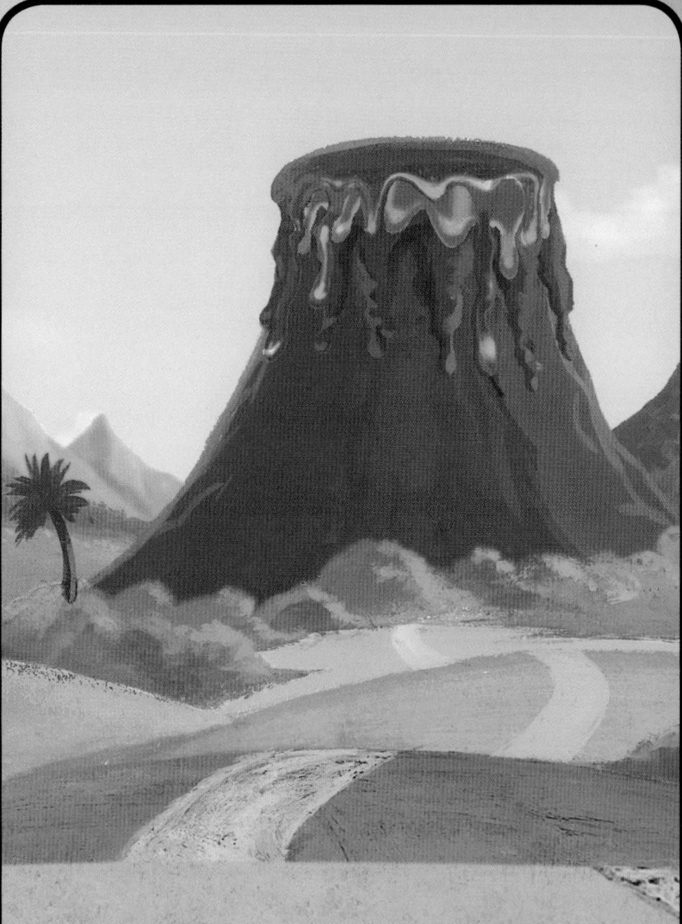

the Volcano

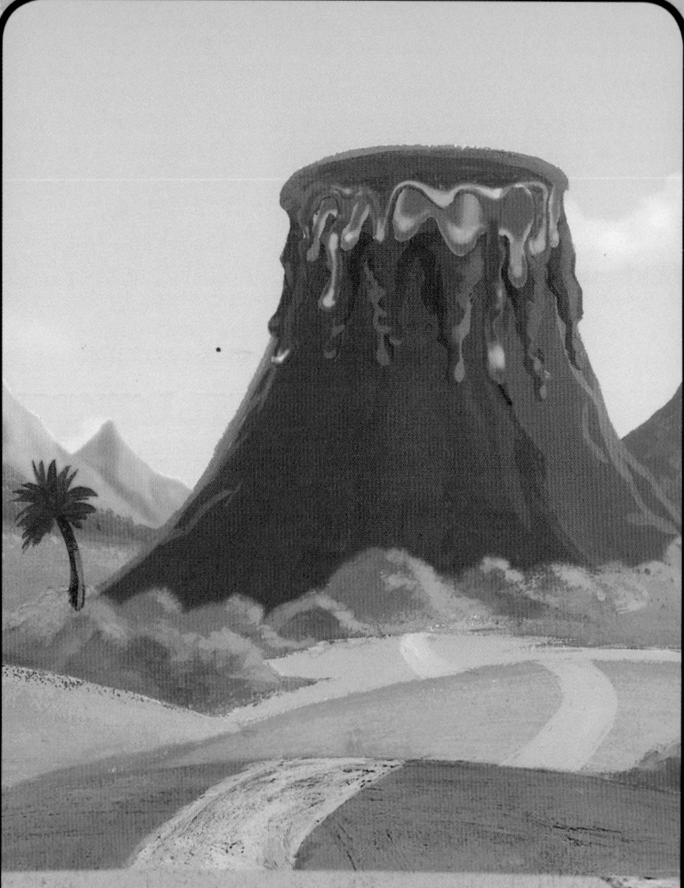

el Volcán

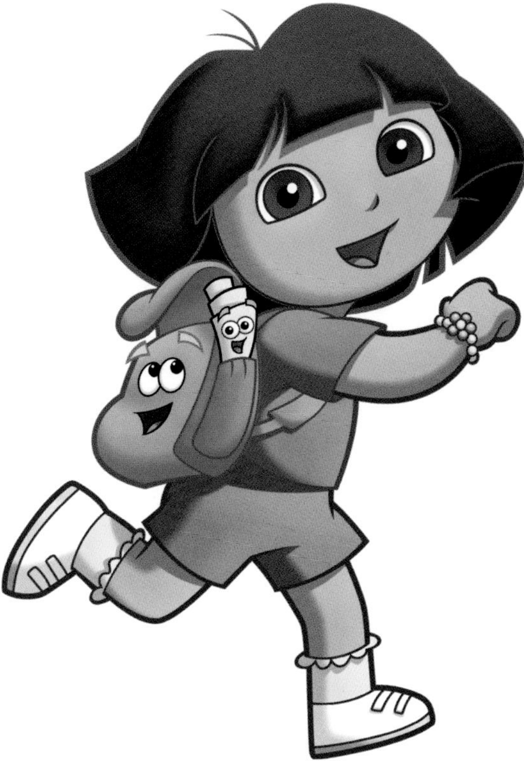

Let's go!

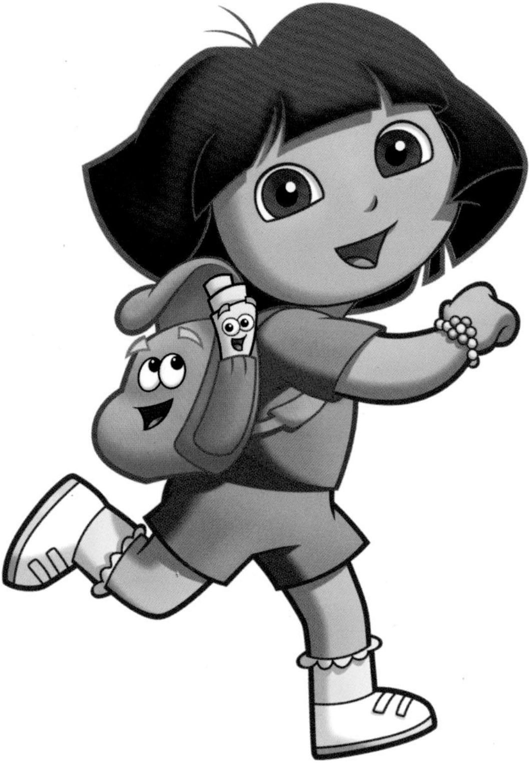

¡Vámonos!

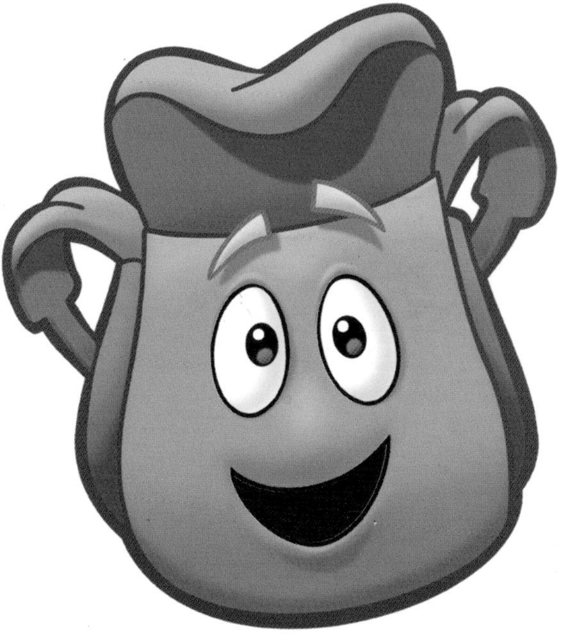

Backpack

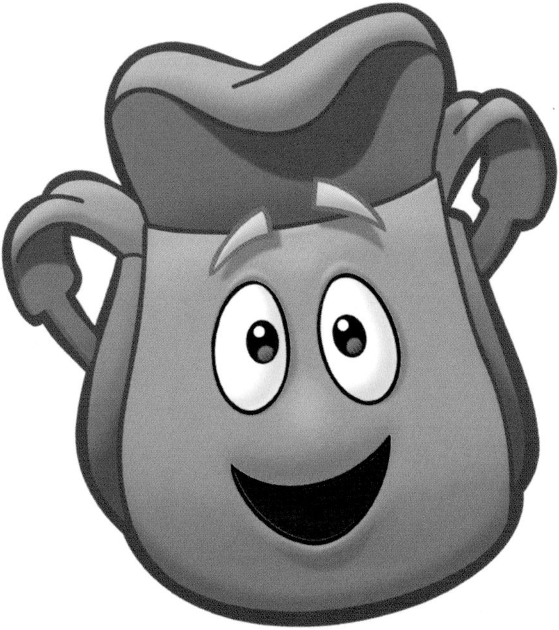

Mochila

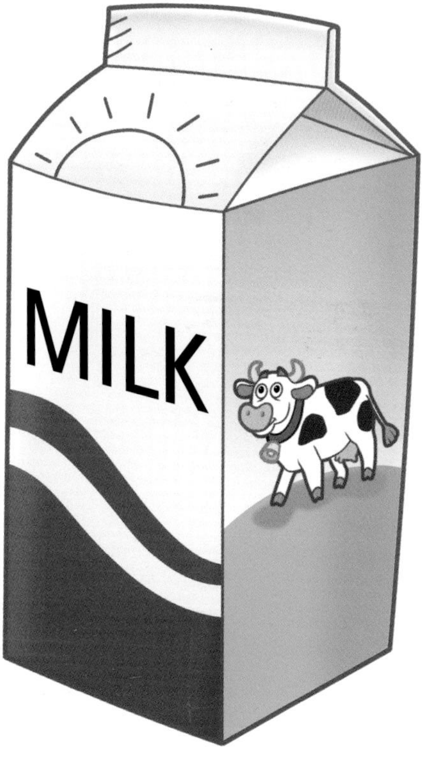

the milk

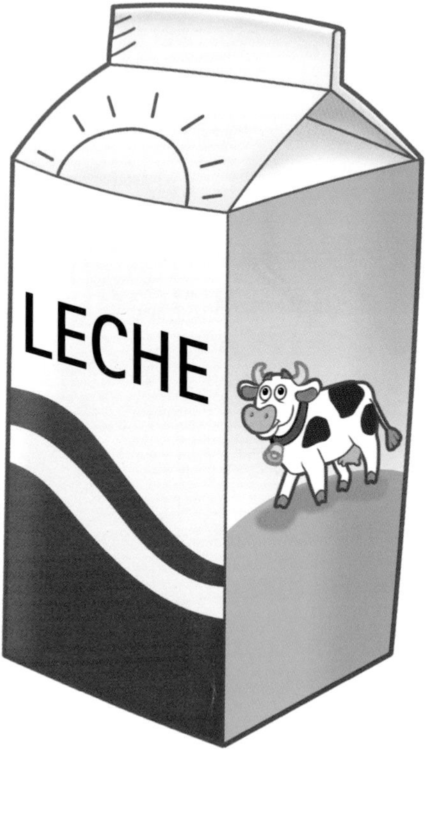

la leche

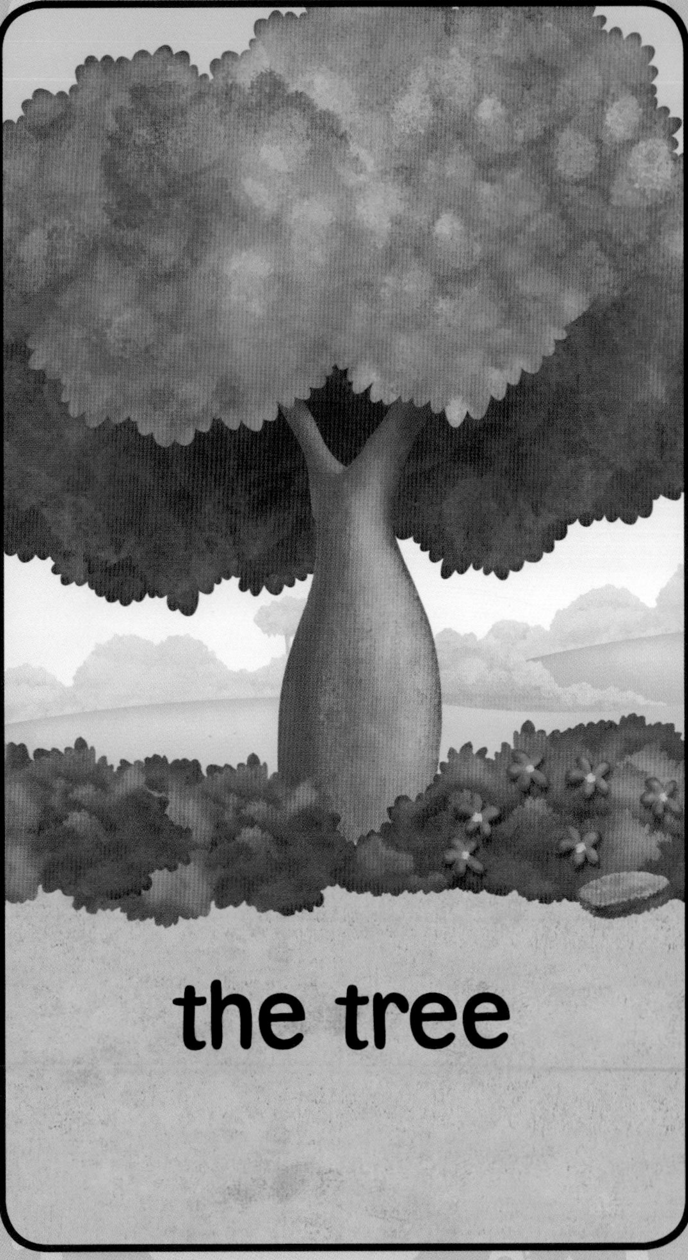

the tree

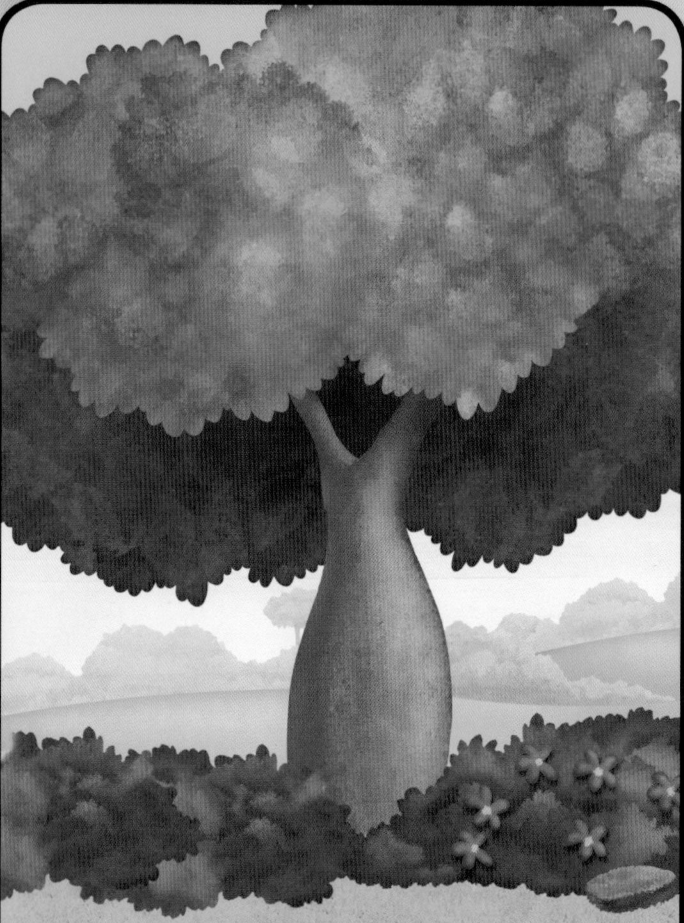

el árbol

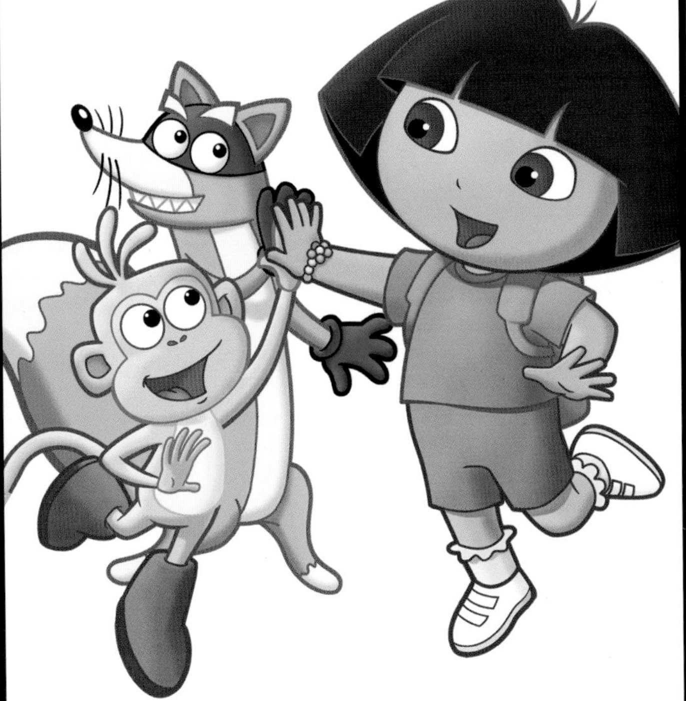

We did it!

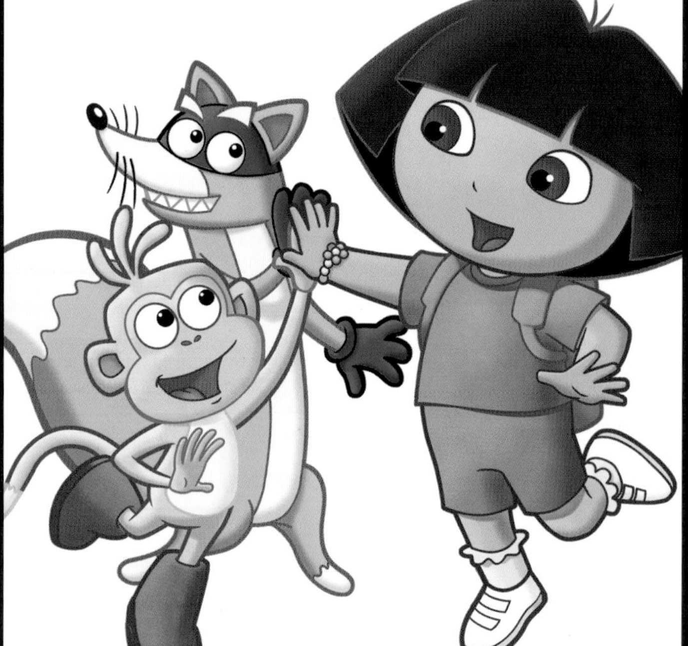

¡Lo hicimos!